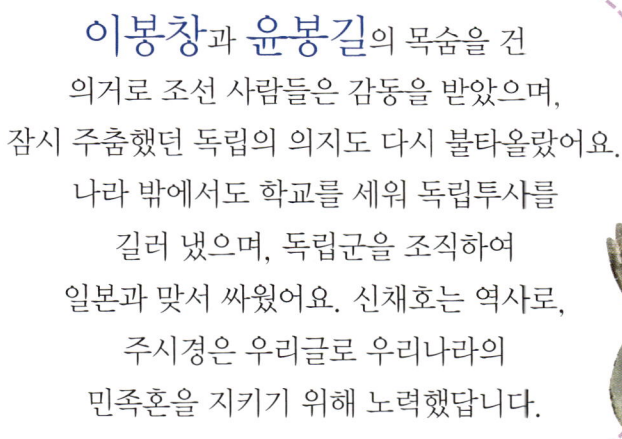

이봉창과 윤봉길의 목숨을 건
의거로 조선 사람들은 감동을 받았으며,
잠시 주춤했던 독립의 의지도 다시 불타올랐어요.
나라 밖에서도 학교를 세워 독립투사를
길러 냈으며, 독립군을 조직하여
일본과 맞서 싸웠어요. 신채호는 역사로,
주시경은 우리글로 우리나라의
민족혼을 지키기 위해 노력했답니다.

추천 감수 박현숙 (고대사)
고려대학교 사범대학 역사교육과를 졸업하고 동 대학원에서 문학박사 학위를 받았습니다. 현재 고려대학교 사범대학 역사교육과 교수로 재직 중이며, 백제 문화와 고대 인물사 등에 대한 활발한 연구를 계속하고 있습니다. 쓴 책으로 〈백제의 중앙과 지방〉, 〈한국사의 재조명〉 등이 있습니다.

추천 감수 정구복 (고려사 · 조선사)
서울대학교 사범대학 역사교육과를 졸업하고 서강대학교에서 문학박사 학위를 받았습니다. 한국학중앙연구원 한국학대학원의 교수로 재직 중이며, 한국학중앙연구원 한국학대학원 원장을 역임하였습니다. 쓴 책으로 〈한국인의 역사 의식〉, 〈역주 삼국사기〉, 〈한국 중세 사학사 1, 2〉 등이 있습니다.

추천 감수 김한종 (근현대사)
서울대학교 사범대학 역사교육과를 졸업하고 동 대학원에서 역사교육을 전공하여 문학박사 학위를 받았습니다. 현재 한국교원대학교 교수로 재직 중입니다. 쓴 책으로 〈역사 교육 과정과 교과서 연구〉, 〈역사 교육의 내용과 방법〉(공저), 〈한 · 중 · 일 3국의 근대사 인식과 역사 교육〉(공저), 〈역사 교육과 역사 인식〉(공저) 등이 있습니다.

고증 문중양 (과학사)
서울대학교 계산통계학과를 졸업하고 동 대학원에서 이학박사 학위를 받았습니다. 쓴 책으로 〈우리 역사 과학 기행〉, 〈우리의 과학문화재〉(공저), 〈세종의 국가 경영〉(공저) 등이 있습니다.

고증 정연식 (생활사 및 복식)
서울대학교 국사학과를 졸업하고 동 대학원에서 문학박사 학위를 받았습니다. 쓴 책으로 〈조선 시대 사람들은 어떻게 살았을까?〉(공저), 〈일상으로 본 조선 시대 이야기 1, 2〉 등이 있습니다.

글 김육훈
전국역사교사모임의 창립 회원이며, 2002년부터 4년 동안 회장을 지냈습니다. 대안적 교육 과정과 교과서에 대한 소망을 담아 〈살아 있는 한국사 교과서〉, 〈살아 있는 세계사 교과서〉, 〈우리 아이들에게 역사를 어떻게 가르칠 것인가〉 등을 펴내는 데 참가하였습니다. 학생들이 토론하면서 자기 생각을 만들기 바라며 〈쟁점으로 보는 한국사〉를 펴냈고, 중학교 사회1, 2, 고교 공통사회 교과서(검정) 집필에 참가하였으며, 고등학교 국사 교과서(국정) 집필에도 참가하였습니다.

그림 황재종
계명대학교 미술대학원에서 서양화를 전공하였고 연세대학교 해부학 교실에서 인체 해부 연구를 하였습니다. 개인전 1회를 열었고 한국 파스텔 공모전에 참가하여 대상을 수상하였습니다.

이미지 제공
연합포토, 중앙포토, 국립중앙박물관, 국립부여박물관, 국립경주박물관, 국립민속박물관, 유연태(사진작가), 허용선(사진작가)

광개토 대왕 이야기 한국사 63 일제 강점기
일본 국왕에게 폭탄을 던지다

총기획 및 발행인 박연환
발행처 (주)한국헤르만헤세
출판등록 제17-354호
연구개발원 경기도 성남시 분당구 금곡동 444-148
대표전화 (031)715-7722
팩스 (031)786-1100
본사 서울시 송파구 석촌동 7-3
대표전화 (02)470-7722
팩스 (02)470-8338
고객문의 080-715-7722
편집 임미옥, 백영민, 윤현주, 지수진, 최영란
디자인 장월영, 주문배, 김덕준, 김지은

ⓒ Korea Hermannhesse

이 책의 저작권은 (주)한국헤르만헤세에 있습니다. 본사의 동의나 허락 없이는 어떠한 방법으로도 내용이나 그림을 사용할 수 없습니다.

△ 주의 : 본 교재를 던지거나 떨어뜨리면 다칠 우려가 있으니 주의하십시오.
　　　　고온 다습한 장소나 직사광선이 닿는 장소에는 보관을 피해 주십시오.

이 책의 표지는 일반 용지보다 1.5배 이상 고가의 고급 용지인 드라이보드지를 사용해 제작하였습니다. 표지를 드라이보드로 제작하면 습기의 영향을 덜 받기 때문에 본문 용지가 잘 울지 않고, 모양이 뒤틀리지 않아 책을 오랫동안 보존할 수 있습니다.

이 책은 기존의 석유 잉크 대신 친환경 식물성 원료인 대두유 잉크를 사용하여 인쇄하였습니다. 대두유 잉크는 선진국에서 널리 사용하고 있는 고가의 대체 잉크로, 휘발성이 적어 인쇄 상태의 보존이 용이하고, 인체에 무해할 뿐만 아니라 눈에 부담을 주지 않는 자연스러운 색을 내는 특징이 있습니다.

일본 국왕에게 폭탄을 던지다

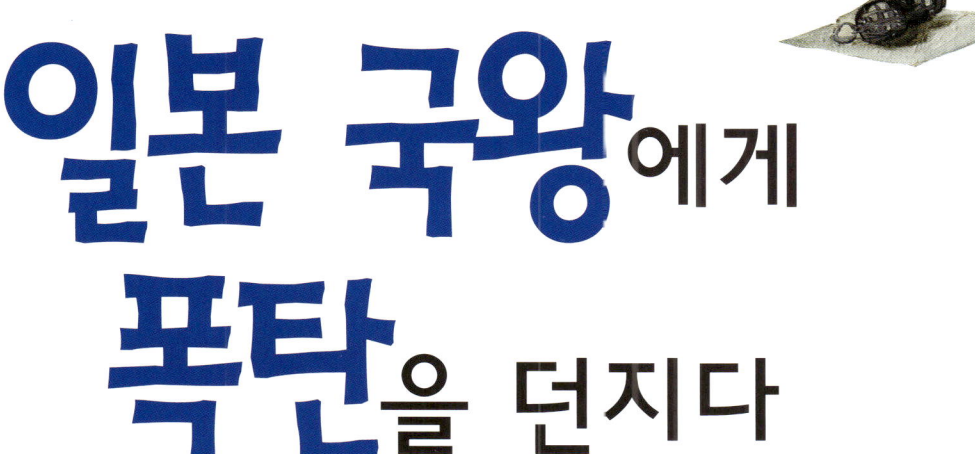

광개토대왕 이야기 한국사
63 ★ 일제 강점기

감수 김한종 | 글 김육훈 | 그림 황재종

한국헤르만헤세

나라를 위해 목숨을 바치다

독립투사 이봉창

"당신들은 독립운동을 한다면서 일본 국왕은 왜 못 죽입니까?"
"일본 국왕을 죽인다고요?"
"그렇소. 일본 국왕을 죽인다면 우리가 독립을 원한다는 것을
온 세상에 알릴 수 있지 않겠습니까?"
"하하하, 지금 우리 힘으로 어떻게 일본 국왕을 죽인단 말이오."
"나는 일본 국왕을 코앞에서 본 적이 있습니다.
그때 나에게 폭탄만 있었다면 일본 국왕은 지금 세상에 없을 것이오."
술을 마신 탓인지 청년은 평소보다 들뜬 목소리로 말했어요.
그러나 그 목소리에는 진심이 담겨 있었지요.
문 밖에 있던 김구는 우연히 이들의 이야기를 듣게 되었어요.
김구는 이날 저녁 청년의 집을 찾아갔어요.
그 청년은 언젠가 김구를 찾아와 이런 말을 한 적이 있었어요.
"독립운동을 하려고 일본에서 왔으니 제게 일을 맡겨 주십시오."
이 사람이 바로 이봉창이었어요.
김구는 이봉창이 진짜 독립운동을 하러 온 사람인지,
아니면 일본 경찰의 앞잡이인지 알 수 없어 지켜보고 있던 중이었어요.

"아까 자네가 하는 이야기를 밖에서 다 들었네."
김구가 먼저 말을 꺼냈어요.
"선생님, 제 나이 이제 서른하나입니다. 지난 31년 동안
즐겁게 살았으니 이제 조국을 위해 몸을 바치고자 합니다."
"고맙소. 내가 모든 준비를 해 줄 테니 함께 일해 봅시다!"
얼마 후, 김구는 폭탄 두 개를 준비해 이봉창을 만났어요.
"폭탄 하나로는 일본 국왕을 죽이시오. 그리고 이 폭탄은……."
김구는 남은 폭탄으로 목숨을 끊으라는 말을 차마 하지 못했어요.
"이 폭탄은 제 목숨을 끊는 데 쓸 것이니 걱정 마십시오."

"고맙소, 동지. 훗날 저세상에서 다시 만납시다."
김구는 이봉창의 손을 꼭 잡아 주었어요.
며칠 후 이봉창은 도쿄에 도착했어요.
일본에는 때마침 청나라의 황제 푸이가 와 있었어요.
이봉창은 일본 국왕이 푸이 황제와 함께 일본 군인들의
행사를 구경한다는 이야기를 들었어요.
"옳지. 하늘이 나를 돕는구나."
이봉창은 행사가 치러지는 요요기 경기장을 미리 가 보았어요.
어디서 폭탄을 던지는 것이 가장 좋을지 정하기 위해서였지요.
1932년 1월 8일, 드디어 그날이 밝았어요.
이봉창은 행사를 마치고 돌아가는 마차 행렬에 폭탄을 던지기로
마음먹고 일본 경시청 정문 앞으로 갔어요.
11시 45분, 마침내 일본 국왕을 태운 마차가 나타났어요.
첫 번째 마차에는 남자 혼자 타고 있었어요.
'아니야, 저 얼굴은 전에 본 그 얼굴이 아니야.
그렇다면 두 번째 마차에 탄 것이 분명해.'
두 번째 마차가 다가오자,
이봉창은 바지 주머니에
감추어 두었던 수류탄을 꺼내
마차 앞으로 정확히 던졌어요.

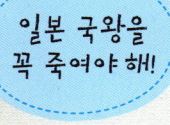
일본 국왕을 꼭 죽여야 해!

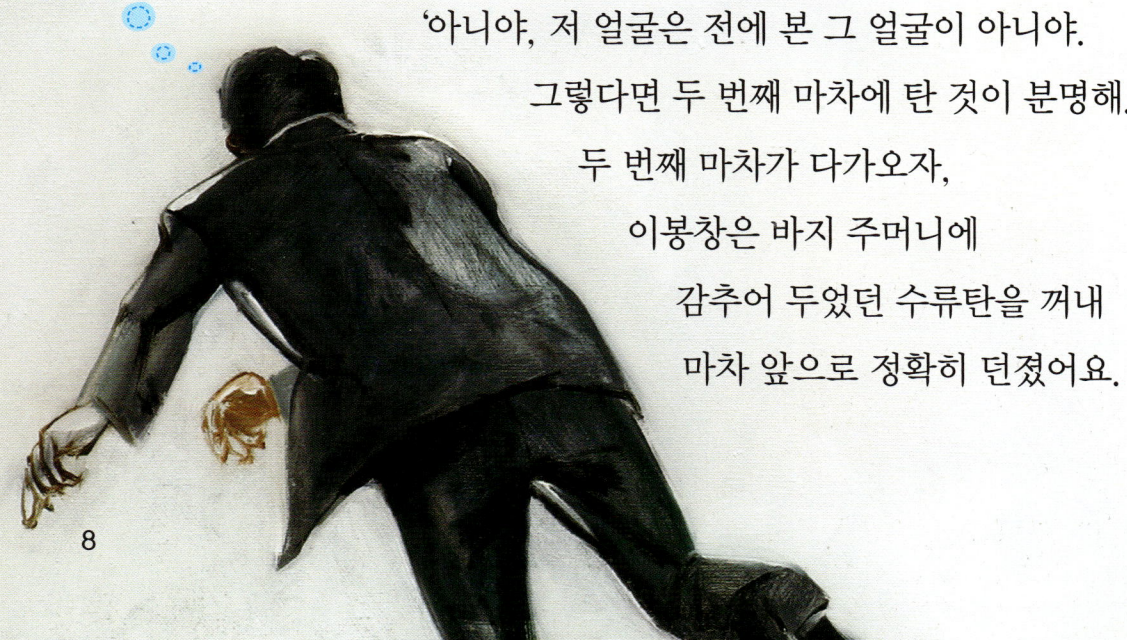
쾅!

"쾅!"
엄청난 폭발 소리에 사람들이 비명을 지르며 흩어졌어요.
그러나 수류탄은 소리만 컸지 폭발력은 약했어요.
게다가 일본 국왕은 첫 번째 마차에 타고 있었기 때문에
아무런 피해를 입지 않았어요.
폭탄이 터지자 일본 경찰이 몰려와 이봉창을 붙잡았어요.
"도망가지도 숨지도 않을 테니 함부로 대하지 마라!"
이봉창은 거칠게 대하는 일본 경찰에 맞서 꿋꿋하게 걸어갔어요.
이봉창은 여러 날 동안 경찰의 조사를 받았지만
끝까지 당당한 태도를 보였어요.

"일본 국왕을 죽이고자 하였으나 뜻을 이루지 못해 아쉬울 뿐이다."
이봉창은 가족과 편안하게 살기를 꿈꾸는 평범한 청년이었어요.
일자리를 구하기 위해 일본에 간 것도 그 때문이었지요.
그러나 일본 생활을 하면서 조선 사람이 얼마나 차별받고 있는지

이 선서대로 나는 일본 국왕을 죽일 것이다!

깨닫게 된 이봉창은 독립을 위해 목숨을 바치기로 결심했어요.
"나는 조국의 독립과 자유를 되찾기 위해 한인 애국단의
한 사람이 되어 적국의 우두머리를 죽이기로 맹세하나이다."
이봉창이 선서한 내용을 날마다 읽던 김구는
1932년 1월 8일, 잠에서 깨자마자 신문을 찾았어요.

조선 청년 이봉창이 일본 국왕에게 폭탄을 던졌다.
하지만 불행하게도 일본 국왕을 죽이지는 못하였다.

"아……, 죽이지 못하였구나."
김구는 안타까워하면서 붙잡힌 이봉창이 걱정되었어요.
얼마 뒤 사람들이 김구를 찾아왔어요.
"이것 보시오, 백범. 이봉창의 의거 소식이 다 문짝만 하게 실렸소."
사람들은 중국의 신문에 난 기사를 몇 번씩이나 소리 내어 읽었어요.

인구 2,000만의 작은 나라 조선 사람이 이처럼 장한 일을
했는데, 4억 인구의 중국이 이렇다 할 항일 투쟁을 벌이지
못한 점은 매우 부끄러운 일이다.

또한 임시 정부의 동지들은 입을 모아 이렇게 말했어요.
"일본 국왕을 죽이지는 못하였으나
정신적으로 우리는 이미 그를 죽였습니다."

▲ 이봉창의 동상

윤봉길과 훙커우 공원 의거

어느 날, 상하이 훙커우 시장에서 채소 장사를 하던
윤봉길이란 청년이 김구를 찾아왔어요.
"제가 지금 채소 바구니를 메고 장사를 하고 있으나,
큰 뜻을 이루고자 상하이에 왔습니다. 저를 믿고 이끌어 주십시오."
충청도 예산에서 청년들에게 글을 가르치던 윤봉길은
다음과 같은 글을 남기고 고향을 떠났어요.

**대장부가 뜻을 세워 집을 나서니,
뜻을 이루기 전에는 살아서 돌아오지 않겠다.**

▲ 윤봉길 의사의 선서문

12

김구는 그런 윤봉길을 진심으로 받아들였어요.
"우리의 뜻을 펼칠 것이니 동지는 며칠만 기다리시오."
윤봉길의 사람됨을 믿게 된 김구는 서둘러 큰일을 준비했어요.
당시 일본은 이봉창에 대한 신문 보도를 구실로
상하이를 점령하고 있었고, 4월 29일 국왕의 생일을 맞아
상하이 점령 기념 행사를 크게 열 생각이었어요.
김구는 그 행사장을 폭파할 생각이었지요.
마침 신문에는 다음과 같은 보도가 실렸어요.

4월 29일에 훙커우 공원에서 축하 행사를 연다.
참석자는 물병과 도시락, 일본 국기를 들고 입장할 수 있다.

"그렇지, 바로 그거야.
물병과 도시락 모양으로 만든 폭탄!"
김구는 중국 군대에 폭탄을 공급하는 담당자를 만나
강력한 폭탄을 주문했어요.

중국 상하이 훙커우 공원에는 윤봉길 의사 기념관이 있어.

윤봉길 의사는 중국에서도 존경받고 있다는 뜻이네.

드디어 4월 29일, 날이 밝았어요.
윤봉길은 식장이 어떻게 만들어지는지, 어디서 폭탄을 던져야 하는지를
알아보기 위해 공원을 둘러보았어요.
하루 전 김구와 윤봉길은 태극기 앞에서 기념 사진을 찍었어요.
윤봉길은 태극기 앞에서 조국의 독립과 자유를 되찾기 위해
적의 우두머리를 죽이겠다는 선서도 했어요.
의거를 앞둔 밤 윤봉길은 어린 두 자녀에게 편지를 썼어요.

너희도 만일 피가 있고 뼈가 있다면
반드시 조선을 위해 용감한 투사가 되어라.
태극의 깃발을 높이 드날리고
나의 빈 무덤 앞에 찾아와서 한 잔의 술을 부어 놓아라.

아침이 밝자 김구가 찾아왔어요.
김구는 윤봉길과 함께 아침 식사를 했어요.
식사를 하는 도중에 괘종 시계가 일곱 시를 알렸어요.
"댕, 댕……."
시계 소리를 듣고 있던 윤봉길이 김구의 시계를 보며 말했어요.
"선생님, 제 시계는 어제 산 6원짜리 시계입니다.
그런데 저는 이 시계를 앞으로 한 시간밖에 쓸 일이 없으니
이 시계는 선생님이 차시고 그 시계는 저에게 주십시오."

윤봉길과 김구는 아무 말 없이 서로 시계를 바꾸었어요.
이제 윤봉길이 떠나야 할 시간이 되었어요.
멀리서 차 한 대가 다가오고 있었어요.
차를 타려던 윤봉길이 갑자기 주머니를 뒤져 돈을 꺼내더니
김구의 손에 쥐어 주었어요.
"선생님, 이 돈은 선생님이 가져가세요."

조국의 독립을 위해서라면 나는 목숨을 바칠 것이다.

"아니 돈을 조금은 가지고 있어야 하지 않소?"
"아닙니다. 앞으로 제가 무슨 돈이 필요하겠습니까?"
윤봉길은 김구의 손에 돈을 쥐어 주고 얼른 자동차를 탔어요.
'훗날 저세상에서 만납시다.'
떠나는 윤봉길을 바라보며 김구는 속으로만 인사를 했어요.
그리고 서둘러 임시 정부 건물로 돌아와 사람들을 피신시켰어요.

윤봉길이 성공한다면 일본 경찰은 임시 정부 사람들을
잡으러 올 게 뻔했거든요.
이어 김구는 안창호에게 편지를 써서 윤봉길이 할 일을 알리고
조용히 소식을 기다렸어요.
윤봉길이 훙커우 공원 앞에 도착했을 때,
주변은 온통 축제 분위기였어요.
행사장에는 수많은 일본인이 자기네 국기를 들고
모여들고 있었어요.
그들은 땅과 자존심을 빼앗긴 중국인들의 슬픔에는
아무런 관심이 없는 듯했어요.
윤봉길은 침착하게 식장 뒤편으로 걸어가 자리를 잡았어요.
'좋아, 여기가 좋겠다.'
윤봉길은 물병과 도시락 모양으로 된 폭탄을 만지작거리며
일본군 대장이 식장에 나타나기만을 기다렸어요.
잠시 후 행사가 시작되었어요.
상하이를 침략한 일본군 총사령관 시라카와가
부하들을 데리고 거만하게 단상 위로 올라섰어요.
그가 나타나자 일본 사람들은 두 손을 치켜들며 소리를 질렀어요.
"대일본 제국 만세!"
"천황 폐하 만세!"

시라카와가 자리를 잡자 일본 국가가 울려 퍼지기 시작했어요.
바로 그때, 윤봉길이 물병 모양의 폭탄을 던졌어요.
"쾅!"
엄청난 폭발음과 함께 단상은 순식간에 쑥대밭이 되었어요.
적의 우두머리들도 그 자리에서 쓰러졌어요.
식장 주변에 있던 일본인들은 두려움에 떨며 몸을 낮추었고,
단상을 바라보던 사람들도 모두 놀라서 비명을 질렀어요.

윤봉길은 재빨리 도시락 폭탄을 열었어요.
하지만 그 순간 일본 군인들이 윤봉길의 몸을 덮쳤어요.
윤봉길은 무참하게 두들겨 맞으면서 끌려갔어요.
그러나 윤봉길은 해냈다는 생각 때문에 아픔을 느끼지 못했어요.
일본에 맞서 싸웠다는 기쁨이 고통보다 더 컸던 거예요.
이튿날 신문은 온통 이 소식으로 가득 찼어요.

**조선 청년 윤봉길이 훙커우 공원 행사장에 폭탄을 던져
일본 거류민 단장과 시라카와 대장이 죽고 많은 사람이 다쳤다.**

이 소식은 상하이는 물론이고 나라 안팎에서 독립 투쟁을 하던
사람들에게 큰 용기와 자신감을 심어 주었어요.
이렇게 목숨을 아끼지 않은 이봉창과 윤봉길의 의거는
한동안 주춤하던 독립 투쟁에 다시 불을 붙였어요.

대한 독립 만세!

다시 불붙은 독립 전쟁

의열단의 활동

1932년 7월, 의열단을 이끌던 김원봉은 난징에서
당시 중국 정부를 이끌던 장제스를 만났어요.
"어서 오시오, 김원봉 동지."
"부탁이 있어 찾아왔습니다."

"의열단의 투쟁은 저도 잘 알고 있으니 말씀해 보세요."
"저는 이번에 독립투사들을 훈련시킬 학교를 세울 것입니다.
중국 정부에서 그 일을 도와주었으면 합니다."
김원봉의 말을 들은 장제스는 흔쾌히 부탁을 들어주었어요.
"난징 근처에 빈 절을 훈련소로 쓰도록 하시오.
먹고 입을 것과 필요한 무기는 중국 정부가 준비해 드리지요."
"고맙습니다. 우리 동지들은 목숨을 바쳐 일본과 싸울 것입니다."
김원봉은 장제스를 만난 뒤, 1932년 9월 난징에
'조선 혁명 군사 정치 간부 학교'를 세웠어요.
함께 의열단을 세운 윤세주와 나중에 시인으로 널리 알려진
이육사 등 많은 사람들이 찾아왔어요.
1932년 10월 20일,
'군사 정치 간부 학교'가
정식으로 문을 열었어요.
개교식에 참가한 학생 26명이
한자리에 모였어요.
김원봉은 교관 20여 명과 함께
그들 앞에 섰지요.
31세의 윤세주가 학생을 대표하여
인사말을 했어요.

▲ 장제스

"우리는 반드시 이길 것입니다. 그리고 오늘부터 이기는 데 꼭 필요한 공부를 열심히 할 것을 다짐합니다."
6개월 동안 학생들은 열심히 공부했어요.
정치나 경제와 같이 어려운 학문을 배우는 것은 물론
폭탄을 만들고 터뜨리는 법, 주요 인사를 암살하는 법도 익혔어요.
1933년 4월에 간부 학교의 첫 졸업식이 있었어요.
김원봉이 학생들 앞에서 말했어요.
"무사히 훈련을 마친 동지들은 이제 여러 곳으로 흩어져
나라를 되찾기 위한 활동에 나서야 할 것입니다."
학생들은 스스로를 자랑스러워하며 독립 투쟁에 나설 것을 다짐했어요.
이육사와 윤세주 역시 서로의 손을 마주 잡고 각오를 다졌어요.

▲ 이육사

이육사는 조선으로 돌아가 국내 공작원 역할을 하게 되었고,
윤세주는 계속 난징에 남아 간부 학교 일을 맡게 되었어요.
"동지, 힘든 길이지만 끝까지 싸워 독립을 이뤄 냅시다."
"하하하, 물론이지요. 나라 밖에서 투쟁하는 동지들을 보아서라도
고국으로 돌아가는 제가 더 열심히 해야지요."
졸업식을 끝내고 조선으로 돌아온 이육사는 신문사를 다니며
자신이 맡은 역할을 훌륭히 해냈어요.
그는 또 독립을 바라는 시들도 발표했지요.
한편, 김원봉은 이후에도 세 번 더 간부 학교를 운영했고
그 뒤에는 김구와 뜻을 모아 독립투사를 길러 내는 일을 했어요.
김구와 김원봉은 생각이 비슷했던 거예요.
이후 1938년에 김원봉이 '조선 의용대'라는 독립군을 만들었고,
1940년에는 김구가 '광복군'이란 독립군을 만들었어요.
이러한 독립군은 체계적으로 훈련을 받은 군대와 같았어요.
독립군이 비록 중국에 머물기는 했지만
이제 일본 군대와 정면에서
대결할 수 있는 힘을 갖추게
된 거예요.

김원봉은 의열단을 세우는 등 독립군을 길러 내는 데 앞장섰어.

이제 일본 군대와 싸워도 지지 않을 거야.

독립군을 이끈 양세봉과 지청천

김원봉이 간부 학교를 만들 무렵, 중국의 동북 지방에는 양세봉이 이끄는 조선 혁명군과 지청천이 이끄는 한국 독립군 부대가 이미 활동을 하고 있었어요.

1931년, 일본이 만주를 침략하자 양세봉은 친한 중국인을 찾아갔어요.

"이제 만주가 일본의 지배를 받게 되었으니 중국 사람과 조선 사람을 구별할 필요가 없어졌습니다."

"맞습니다. 일본은 조선인과 중국인이 힘을 합쳐 몰아내야 할 공동의 적입니다."

양세봉은 중국인의 도움을 받아 독립 투쟁을 벌였어요. 중국인들은 양세봉처럼 조국을 되찾고자 열심히 투쟁하는 조선 사람들을 보고 감동을 받았어요.

▲ 일제에 무력으로 맞선 독립군

1932년 겨울, 양세봉 부대는 중국인들과 함께
일본군이 차지한 성을 공격하기로 했어요.
양세봉 부대가 밤 12시까지 약속된 곳을 차지하면
그것을 신호로 전 부대원이 공격하기로 되어 있었어요.
양세봉은 약속된 곳을 향하던 중 강을 만났어요.
그런데 아무리 살펴봐도 강물 위로는 얼음만 둥둥 떠내려 갈 뿐
배나 뗏목을 찾을 수 없었어요.
사람들이 모두 난감해 할 때 양세봉이 갑자기 강물로 뛰어들었어요.
"동지들, 그냥 건넙시다."
머뭇거리던 동지들도 하나둘 강물로 뛰어들었어요.
독립군은 차가운 강물에 온몸이 얼어붙을 지경이었어요.
"자, 건너오지 못한 동지들은 없지요? 이제 갑시다."
강을 건넌 사람들은 옷을 말릴 틈도 없이
약속된 장소로 향했어요.
그런데 문제는
바지였어요.
추운 날씨 때문에
바지가 얼어붙기 시작한 거예요.
사람들은 얼어붙은 바지 때문에
제대로 걸을 수가 없었어요.

중국에서 활동한 독립군은 중국 의용군과 함께 싸우는 경우가 많았어.

그래. 양세봉도 한중 연합군을 만들어 일본군을 무찔렀지.

그러자 양세봉이 바지를 벗으며 말했어요.
"동지들 나는 지금부터 바지를 아예 벗겠소."
"네? 이 추위에 바지를 벗다니요?"
"처음엔 좀 춥겠지만 바지를 벗고 달려가다 보면
약속 시간도 지키고 추위도 잊을 수 있지 않겠소."
양세봉 부대는 모두 바지를 벗어 던졌어요.
그리고 추위 속을 나는 듯이 달려 무사히 임무를 마칠 수 있었어요.

이후 오랫동안 양세봉 부대는 '잠뱅이(팬티) 부대'란 별명으로 불렸어요.
양세봉의 부대가 만주 남쪽에서 주로 활동하였다면,
만주의 북쪽에서는 지청천이 이끌던 부대가 활약을 했어요.
1933년 6월, 일본군의 움직임을 살피고 온 독립군이 보고를 했어요.
"대장님, 며칠 뒤 많은 일본군이 군복, 무기, 식량 같은
물자를 잔뜩 싣고 이 부근을 지나간다고 합니다."

지청천은 서둘러 이 소식을 중국인 항일 부대에 알리고
함께 일본군 부대를 공격하기로 했어요.
지청천은 병력을 나누어 태평령 고개에 몰래 숨었어요.
얼마 후 일본군 대부대가 나타났어요.
뒤에는 짐을 잔뜩 실은 화물차 100대와 마차 500대가 따라왔어요.
지청천은 일본군이 고개에 다다르자 공격을 시작했어요.
"공격하라!"
미리 철저하게 준비를 하고 공격해 오는 독립군 앞에
일본군은 당해 낼 수가 없었어요.
결국 전투는 조선과 중국 연합군의 승리로 끝이 났어요.
이후에도 지청천 부대는 일본군과 맞서 맹렬한 투쟁을 벌였어요.

으악!

그러나 일본이 계속 군대의 수를 늘리자
독립군의 활동은 점점 어려워졌어요.
많은 독립군이 일본군에게 목숨을 잃거나 붙잡혔어요.
양세봉 역시 일본군과 싸우다 목숨을 잃었으며,
지청천은 중국 본토로 들어가 김구와 함께 광복군을 만들었어요.
1930년대는 이렇게 수많은 독립군이 목숨을 바쳐
일본의 침략에 맞서 싸우던 시기였어요.

우리말과 정신을 지키다

역사 학자 신채호

신채호는 몸을 아끼지 않고 일본에 맞선 독립 운동가였어요.
그는 임시 정부를 세우는 데에도 참여했으며,
민족의식을 불어넣는 글을 쓰기도 했어요.
일본은 나라를 빼앗은 뒤, 자기들이 만든 역사책으로
학생을 가르치도록 했어요.
그 책에는 조선 사람은 힘이 없어 일본의 도움을 받아야만
더 잘살 수 있다는 이야기가 많이 실려 있었어요.
"조선은 늘 침략만 받았던 나라니 독립할 능력이 없다."
"조선은 제힘으로 발전할 수 없는 나라다.
그렇기 때문에 일본이 도와주러 와 있는 것이다."
이런 책을 읽고 배우다 보면 학생들은 일본이
조선을 다스리는 것이 당연하다고
생각할 수도 있었어요.
신채호는 이런 문제를 바로
잡기 위해 독립운동을 하는
틈틈이 많은 책을 읽었어요.

남의 나라 역사까지 바꾸려 하다니 정말 화가 나!

자신들의 잘못을 덮으려고 한 거지.

'우리 역사를 바로 알아야 해. 그리고 제대로 알려야 해.'
신채호는 일본인들이 펴낸 역사책의 내용이 모두 송두리째 거짓이라는 것을 밝혀 나갔어요.
그는 우리 민족은 훌륭한 문화를 가지고 있으며, 외국의 침략에 맞서 나라를 지켜 낸 인물이 많다는 것을 알리려 했어요.
그래서 고구려 장수였던 을지문덕, 일본 해적을 물리친 최영, 조선 최고의 명장 이순신 이야기를 책으로 펴냈어요.
또 그는 일본이 나라를 빼앗고 우리 민족에게 한 나쁜 짓을 사실대로 기록하기 위해서도 노력했어요.
일본 경찰이 신채호가 쓴 글을 못 읽게 했지만, 사람들은 몰래 그의 책을 읽으며 자신이 조선인임을 자랑스럽게 생각하게 되었어요.

▲ 신채호가 쓴 〈조선사연구초〉

"맞아. 우리는 중국, 일본과는 다른 문화를 가진 민족이야."
"자랑스런 고구려인의 기상을 본받아 반드시 독립을 이뤄야 해."
1928년, 신채호는 독립 자금을 마련하기 위해 중국에서
가짜 돈을 만든 다음 일본에 가서 진짜 돈으로 바꾸기로 했어요.
그런데 동지 가운데 한 사람이 타이완에서 붙잡혔고,
그 바람에 신채호도 잡히고 말았어요.
"가짜 돈을 만들다니! 어떻게 그런 짓을 할 수 있는가?"
재판을 받을 때 일본인 판사가 다그치며 물었어요.

세상이 온통 일본 놈의 것이 되었는데 내가 어디를 향해 고개를 숙인단 말이냐.

> **"나라를 훔치는 놈들도 있는데 이것은 아무것도 아니다. 도둑맞은 나라를 되찾기 위한 일인데 무엇이 부끄럽단 말이냐!"**

신채호는 기죽지 않고 당당하게 말했어요.
신채호의 저항은 감옥에 갇혀서도 멈추지 않았어요.
그는 세수할 때도 허리를 굽히지 않았어요.
"세상이 온통 일본 놈의 것이 되었는데,
내가 어디를 향해 고개를 숙인단 말이냐."
형무소 관리의 도움으로 가족들이 그를 감옥에서 빼내려 하자
신채호는 고개를 저으며 말했어요.
"나라를 위해 싸우다 감옥에서 죽는 것은 명예로운 일이다.
친일파의 도움으로 여기를 나가고 싶지 않다."
그로부터 얼마 뒤 신채호는 뤼순 감옥에서 세상을 떠났어요.
열렬한 독립투사이자 위대한
역사 학자였던 신채호는
죽기 전에 이렇게 말했어요.
"내가 죽거든 시신을
화장하여 일본 사람들이
다니지 못하는 바다에
뿌려 주시오."

▲ 신채호가 숨을 거둔 뤼순 감옥

주시경과 조선어 학회

일제는 모든 조선 사람들에게 강제로 일본어를 가르쳤어요.
'날마다 일본어를 씁시다.'
집집마다 이런 구호를 써 붙이도록 하고
관청 일을 일본어로 보도록 하는 제도까지 만들었지요.
우리말을 못 쓰게 하는 곳은 학교가 가장 심했어요.
수업을 일본어로 하는 것은 물론이고
학교 안에서는 절대로 우리말을 쓰지 못하게 했어요.
우리말을 할 때마다 벌금을 내게 하거나, 다른 학생이
우리말을 쓰지 않는지 서로를 감시하도록 하는 학교도 있었어요.
일본이 이렇게 우리말과 우리글을 쓰지 못하게 하는 것은 일본이
아예 우리 민족을 없애려고 마음먹었다는 것을 뜻해요.

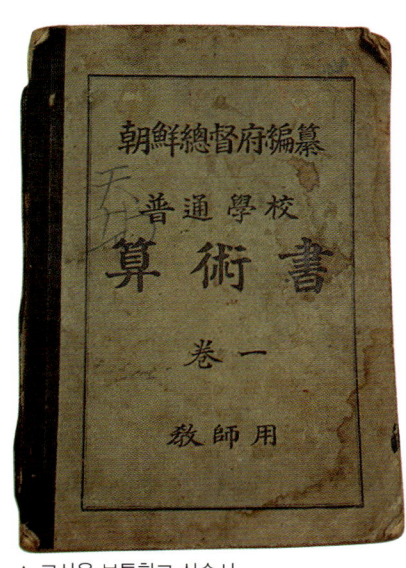

▲ 교사용 보통학교 산술서

그러나 조선 사람 대부분은 억지로 일본 말을 썼을 뿐
우리말과 우리글을 사랑했어요.
'나라를 뺏으려는 자는 그 나라의 글과 말을 먼저 없애고,
자기 나라를 지키려는 자는 자기 나라 말과 글을 잘 가꾸어
사람들을 단결할 수 있게 만든다.'
이런 사실을 누구보다 먼저 깨달은 주시경은 우리말과
우리글을 가꾸는 데 일생을 바쳤어요.
그의 제자들은 스승의 뜻을 더 잘 실천하기 위해
조선어 학회라는 단체를 만들었어요.
조선어 학회에서 우리말과 글을 연구한다고 나서자 많은 사람들이
이것을 반겼어요. 그러나 이 사실을 알게 된 일본 경찰은 이들의
행동을 하나하나 감시했어요.

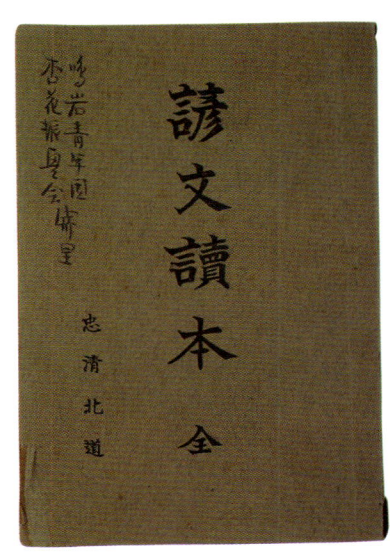

▲ 언문독본

1936년 충청북도 지방에서 발행한 한글 교재야.

일제가 한글 사용을 금했기 때문에 한글 교육은 비밀리에 이루어졌어.

"우리 글자의 이름부터 지어야겠어요.
우리 글자야말로 세계 어떤 글자보다 과학적이고,
쉽게 배우고 쓸 수 있는 좋은 글자 아닙니까?"
"한글이 어떨까요? '한'이란 말에는 크다는 뜻도 있고,
우리 한민족이란 뜻도 있으니까요."
"아주 좋은 이름인 것 같습니다."
"앞으로 우리글을 한글이라고 부르고 널리 알려 나갑시다."
조선어 학회는 일본의 감시에도 아랑곳하지 않고
〈한글〉이란 잡지를 펴내고, 한글날을 제정하는 등 많은 일을 했어요.
한글날 행사에는 많은 사람들이 모였으며,
신문이나 잡지를 펴내는 사람들과 학생들도 참여하여
우리말과 글을 더 아끼고 사랑하자고 다짐했어요.
방학 때가 되면 신문들이 앞장서서 한글을 널리 알리기 위한
활동을 벌여 나갔어요.

"아는 것이 힘이다. 배워야 산다!"

또 학생들은 낮에는 농사일을 돕고,
저녁에는 어린이나 청년을 모아 한글을 가르쳤어요.
이들의 활동으로 한글을 아는 사람이 빠르게 늘어났어요.
조선어 학회는 이들을 위한 한글 교재를 만들었어요.
그리고 모든 이들이 편하게 쓸 수 있도록 한글도 다듬었어요.

회원들은 일본 경찰의 감시를 피하기 위해
시골의 산이나 강에서 야유회를 하듯이 모임을 가져야 했어요.
또 아슬아슬한 비밀 회의를 할 때도 많았지요.
하지만 이들의 노력으로 한글 맞춤법을 통일하고,
표준어를 제정하였으며, 우리말 사전을 만드는 성과를 이루었어요.
"조선어 학회 때문에 일본어 보급이 안 되고 있어요."

일본 경찰은 조선어 학회가 여는 크고 작은 행사를 감시했으며,
학회가 쓴 글을 모아 탄압할 구실을 찾았어요.
학생이나 청년들의 한글 보급을 방해하는 것은 물론이고
나중에는 모든 활동을 금지시켰어요.
그리고 1942년 일본 경찰은 느닷없이 33명의 조선어 학회
회원들을 잡아갔어요.
"무슨 일이오? 도대체 왜 우리를 잡아가는 것이오?"
회원들은 강하게 항의했어요.
그러나 일본 경찰은 엉뚱한 트집을 잡으며
혹독한 고문을 가하고, 거짓 자백을 요구했어요.
조선어 학회를 민족 운동을 하는 단체로 몰아 한글의 연구와
보급을 막으려는 속셈이었지요.
일본 경찰에게 잡혀간 조선어 학회 관련 학자 33명은 모진 고문을
당하고 힘겨운 감옥 생활을 해야 했어요. 그러나 그들이 민족의 가슴에 심어 놓은 한글 사랑은 거센 파도가 되어 온 나라를 적시게 되었답니다.

▲ 조선어 학회 사건 때 수난당한 인사들

문학으로 항일 의지를 북돋우다

일제 시대에는 문학 작품을 통해 민족정신과 저항 의지를
북돋우는 것도 훌륭한 독립운동이었어요.
3·1 운동 이후 신문과 잡지가 잇달아 창간되면서
작가들은 많은 작품을 발표하게 되었어요.
염상섭과 현진건 등은 소설 속에 식민지 백성의 고단한 삶을
뼈아프게 그려 냈고, 한용운은 '독립'을 '님'으로 비유한
'님의 침묵'이란 시를 발표했어요.
김소월은 우리 민족의 '한'을 주제로 아름다운 시를 썼는데,
'진달래꽃'과 '산유화' 등은 지금까지도 사랑받는 작품들이지요.
일제 말기로 갈수록 우리 문학에 대한 탄압이 심해지자,

▲ 한용운의 시집

님의 침묵은 저항시의 대표작이야.

이 시를 쓴 한용운은 승려이면서 독립 운동가였어.

몇몇 작가들은 일본을 찬양하는 작품을 쓰기도 했어요.
하지만 이육사와 윤동주 같은 시인은 끝끝내 일제에 저항하다가
죽음을 맞이했지요.
이육사는 독립운동을 하다가 감옥에 갇혔는데, 그때 달았던
수감 번호 '64'를 따서 자신의 호를 '육사'라고 짓기도 했어요.
윤동주 역시 시인이자 독립 운동가로 나라 잃은 백성의 슬픔,
독립을 바라는 간절한 마음 등을 작품에 담았어요.
윤동주는 1943년 일본에서 붙잡혀 감옥살이를 하다가
광복을 몇 달 앞두고 숨을 거두고 말았어요.
이들은 암울한 시기에 문학 작품으로 일제에 저항하고
민족혼을 지킨 문학가들이었답니다.

▲ 문익환과 함께한 윤동주

별별! 사건 탐구

살기 위해 고향을 떠나다

일본의 탄압이 심해지면서 많은 사람들이 고향을 떠났어요. 우리나라와 가까운 만주, 구소련 땅인 연해주, 심지어 바다 건너 하와이까지 갔어요. 하지만 그들은 낯선 땅에서도 여전히 괴롭힘을 당하고 힘든 생활을 했답니다.

🌸 드넓은 땅 만주로 가다

만주는 우리 땅과 붙어 있고 지리적으로도 가까워 많은 사람들이 옮겨 갔어요. 1910년 무렵에는 이미 20만 명이 넘는 사람들이 거주하고 있었어요. 일본의 식민지가 된 뒤로는 일본의 탄압으로 토지를 잃은 농민들, 일본의 눈을 피해 독립운동을 하려는 사람들이 속속 만주로 건너갔어요.

1930년대에는 우리나라 사람이 중국 사람보다 다섯 배나 더 많았어요. 만주가 독립운동의 중심지가 될 수 있었던 것도 이 때문이에요.

▲ 연해주에서 중앙아시아로 강제 이주당한 우리 민족

🌸 강제로 중앙아시아로 옮겨 가다

두만강 건너 구소련 땅인 연해주에도 많은 사람들이 옮겨 가 살고 있었어요. 그런데 1937년 일본은 간첩이 살지도 모른다는 핑계를 들어 거기에 살던 우리 민족 18만여 명을 중앙아시아로 강제 이주시켰어요. 그곳에는 혹독한 추위와 척박한 땅이 기다리고 있었어요. '카레이스키'라 불린 우리 민족은 황무지나 다름없는 그 땅을 일구며 힘겹게 살아갔어요.

🌸 하와이에 가면 돈나무가 있다

1902년 우리나라에서 머나먼 하와이로 떠난 사람들이 있었어요. 하와이 사탕수수 농장에서는 값싼 임금의 노동자가 필요했어요. 미국 영사 알렌의 주선으로 노동 이민이 추진되었던 거예요. 사람들은 하와이에 가면 잘살 수 있을 것이라고 믿었어요. 하지만 무더운 태양 아래에서 하루 10~12시간씩 쉬지 않고 일하는 것은 무척 힘들었지요. 돈을 많이 벌어 다시 조국으로 돌아가겠다던 사람들이 일해서 받은 돈은 10~15달러가 전부였어요.

▲ 사탕수수밭에서 작업 도중 휴식을 취하고 있는 한인 교포들

🌸 돈 벌러 일본에 가자

돈을 벌기 위해 일본으로 간 사람들은 노예나 다름없는 생활을 했어요. 탄광이나 공장에서 제대로 먹지도 자지도 못하고 일해야 했지요. 하지만 우리나라에서 먹고살 수 없었던 사람들은 그렇게 해서라도 돈을 벌어야 했답니다.

한국사 돋보기 — 일본 사람들이 우리나라 산에 쇠말뚝을 박았다고?

옛날 조선 시대 왕궁인 경복궁 뒤에는 북한산이 있어요. 그런데 북한산에는 지금도 일제 강점기 때 일본 사람들이 박은 쇠말뚝이 발견된다고 해요. 북한산뿐만이 아니라 전국에서 땅기운이 좋다는 산도 마찬가지랍니다.

그것은 우리나라의 민족혼을 없애기 위해서였어요. 좋은 땅에는 좋은 기운이 있다는 풍수지리는 우리나라의 전통 관습이에요. 일본 사람들은 좋은 땅에 흐르는 기운을 막기 위해 쇠말뚝을 박은 거예요. 그렇게 땅기운을 막으면 우리나라의 정기가 끊어진다고 생각했던 거지요. 일본 사람들은 우리나라 땅과 말을 빼앗는 것도 모자라 민족정신까지 없애려고 했답니다.

"조선의 민족혼을 없애려고 한 거야."

우리 생각은 우리글로 표현해요

우리나라를 지배한 일본은 우리 말과 글을 쓰지 못하도록 했어요. 학교에서는 일본어만 써야 했고 한글을 쓰면 처벌을 받았어요. 성과 이름까지도 일본식으로 바꾸어야 했지요. 하지만 국어 학자들은 일본의 탄압에도 불구하고 사람들에게 한글을 가르치고 연구했어요.

'한글'이라 부르게 되었어요

우리글을 '한글'이라고 하는 것은 누구나 알고 있어요. 하지만 우리글을 '한글'이라고 부르기 시작한 것은 얼마 되지 않았어요.

세종 대왕이 한글을 창제한 이래 '훈민정음'이라고 불렸지요. 주시경은 우리글인데도 한문으로 해석을 단 것을 안타깝게 여겨 '한글'이라는 이름을 붙였어요.

한글은 아이들이 쓰는 글이라는 뜻에서 '아햇글', 또는 '가갸거겨' 하면서 배운다고 해서 '가갸글'이라고도 불렸지요.

한글의 탄생을 기념해요

매년 10월 9일은 한글의 탄생을 축하하는 한글날이에요. 훈민정음을 완성하여 배포한 1446년 9월 상순을 양력으로 바꾼 날이에요. 1926년 11월 4일 처음으로 기념하기 시작했는데, 날짜가 다른 것은 달력을 계산하는 방법이 학자들마다 달랐기 때문이에요.

한글 맞춤법을 통일했어요

처음에는 맞춤법 기준이 없었기 때문에 같은 말이라도 다르게 쓰는 경우가 많았어요. 사람들은 서로 자기의 주장이 맞다고 우겼지요. 마침내 1933년 조선어 학회가 한글 맞춤법 통일안을 작성해서 발표했어요. 이로써 일정한 원칙이 없던 한글 표기법이 규범화되었답니다.

▲ 조선어 학회가 펴낸 한글 맞춤법 통일안

한눈에 보는 연표

 우리나라 역사　 세계 역사

1930

신간회 해체, **1931** ← 일본, 만주 사변 일으킴
브나로드 운동 시작

▲ 윤봉길 흉상

◀ 미국 제32대 대통령, 루스벨트

이봉창·윤봉길 의거 일어남 → **1932** ← 미국, 루스벨트 대통령 당선

조선어 학회, → **1933** ← 히틀러, 수상이 됨
한글 맞춤법 통일안 제정　　　　미국, 뉴딜 정책
문맹 퇴치 운동

브나로드 운동
동아일보를 중심으로 농촌의 문맹자들을 퇴치하고 농촌을 근대화하기 위한 운동이에요.

1930년대 농촌 계몽 운동이지.

뉴딜 정책
공황을 극복하기 위해 시행한 것으로, 자유 경쟁의 원칙을 버리고 정부가 경제에 관여한 정책이에요.

조선 농지령 반포, → **1934** ← 독일, 힌덴부르크 대통령이 사망하고
진단 학회 조직　　　　　　　　히틀러가 총통이 됨

조선 민족 혁명당 결성, → **1935** ← 독일, 재군비 선언
문맹 퇴치 운동 금지　　　　　이탈리아, 에티오피아 침공

테네시 강 유역 개발 공사가 대표적인 공공사업이야.